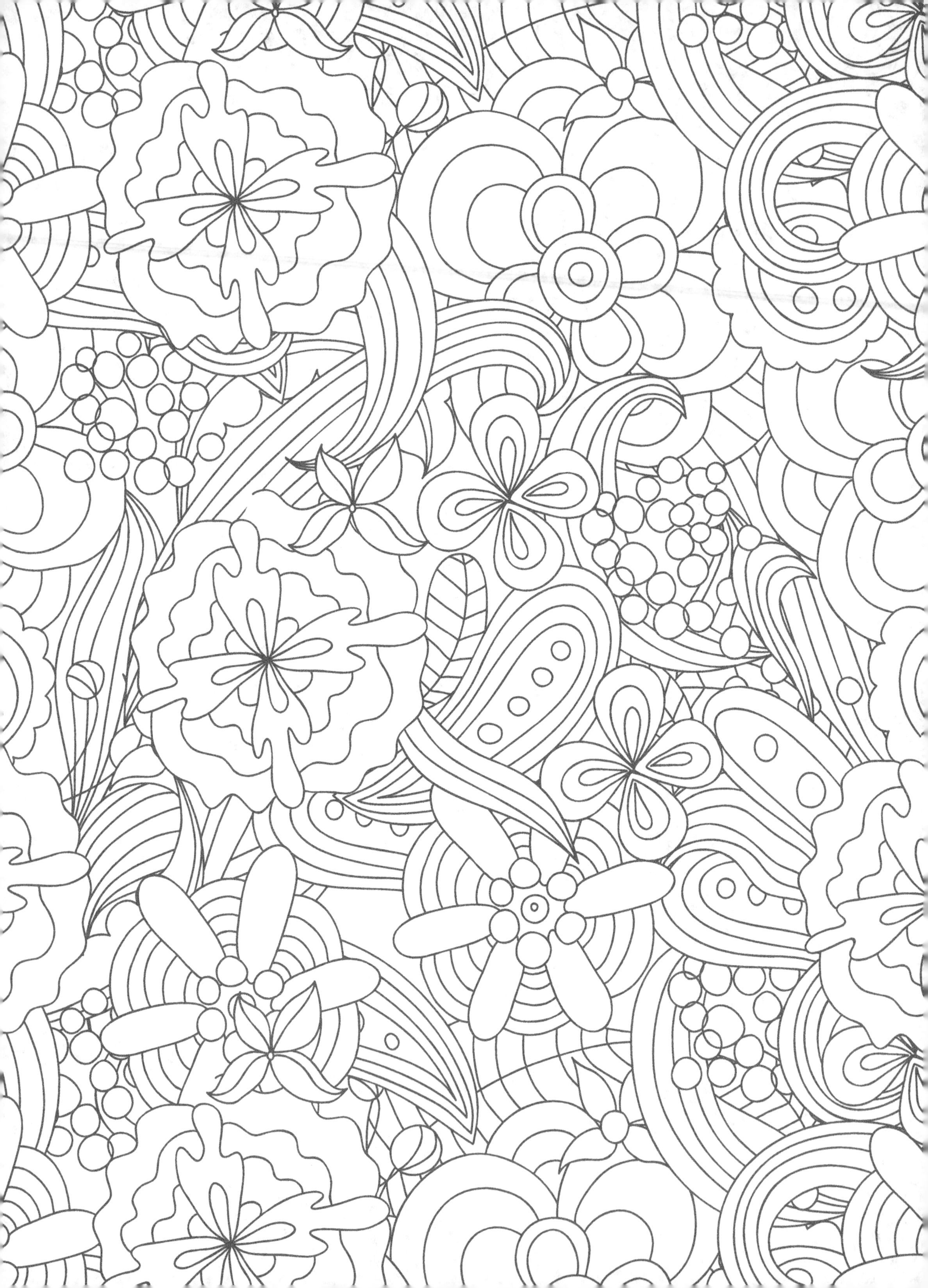

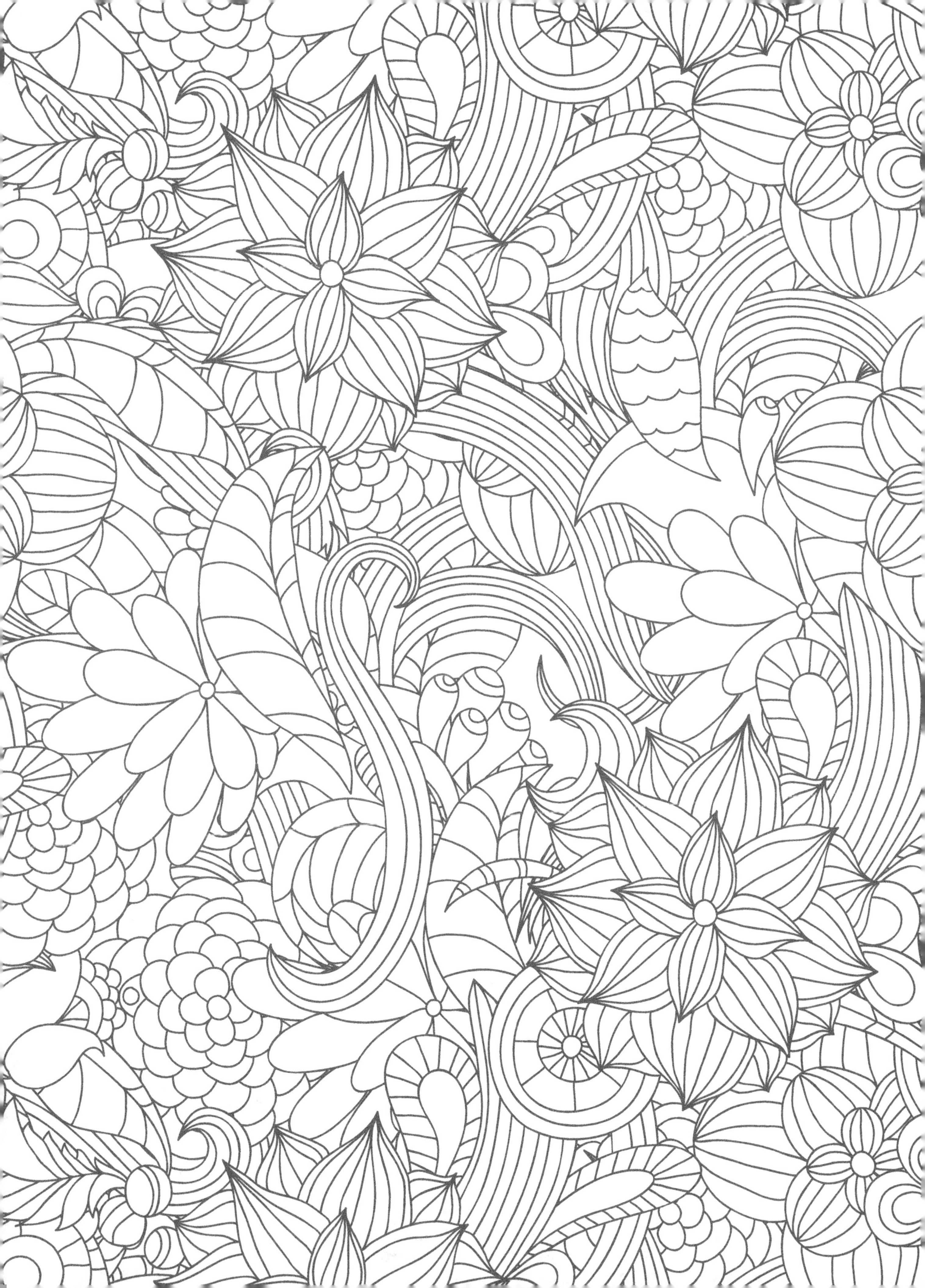

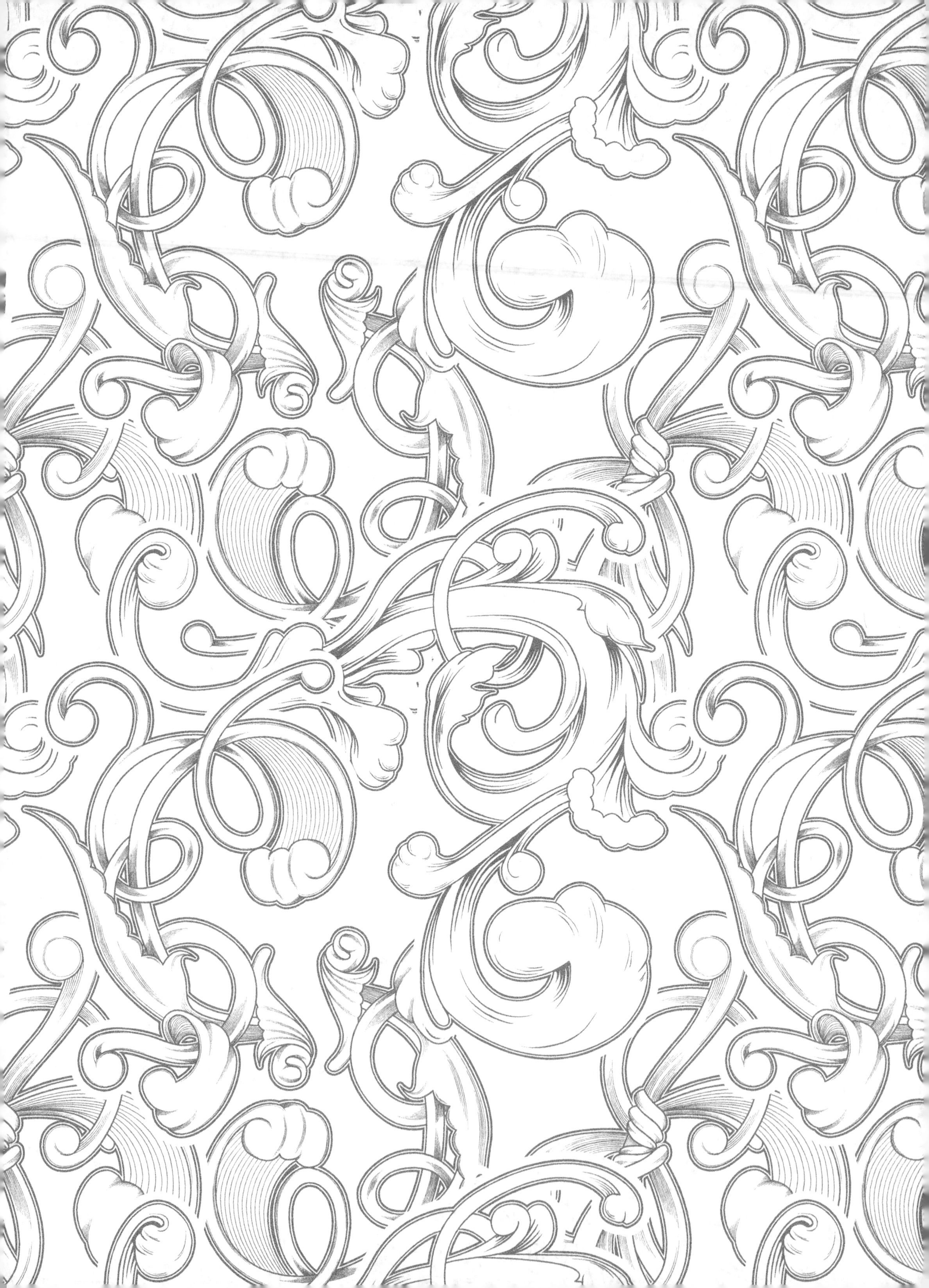

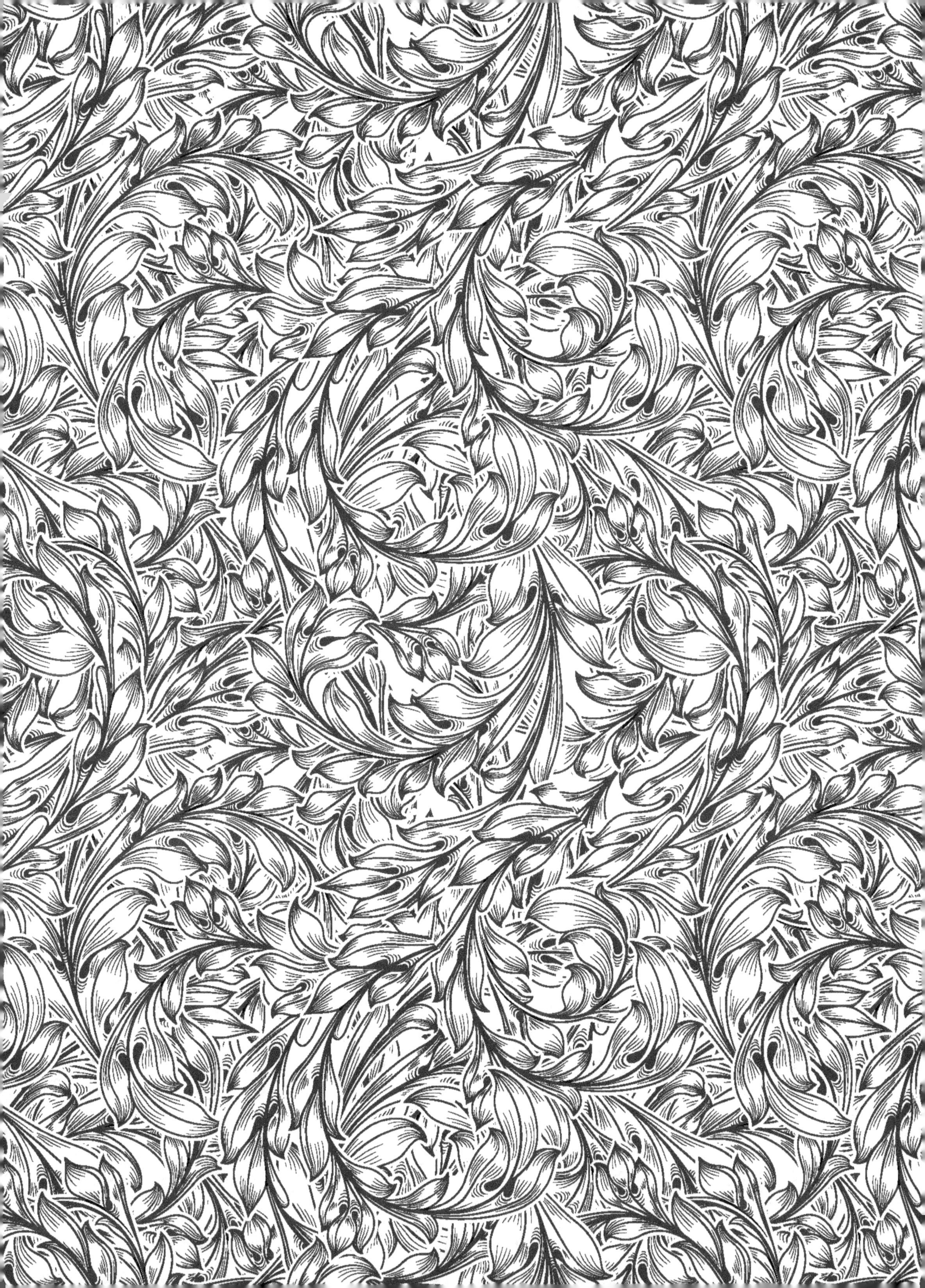

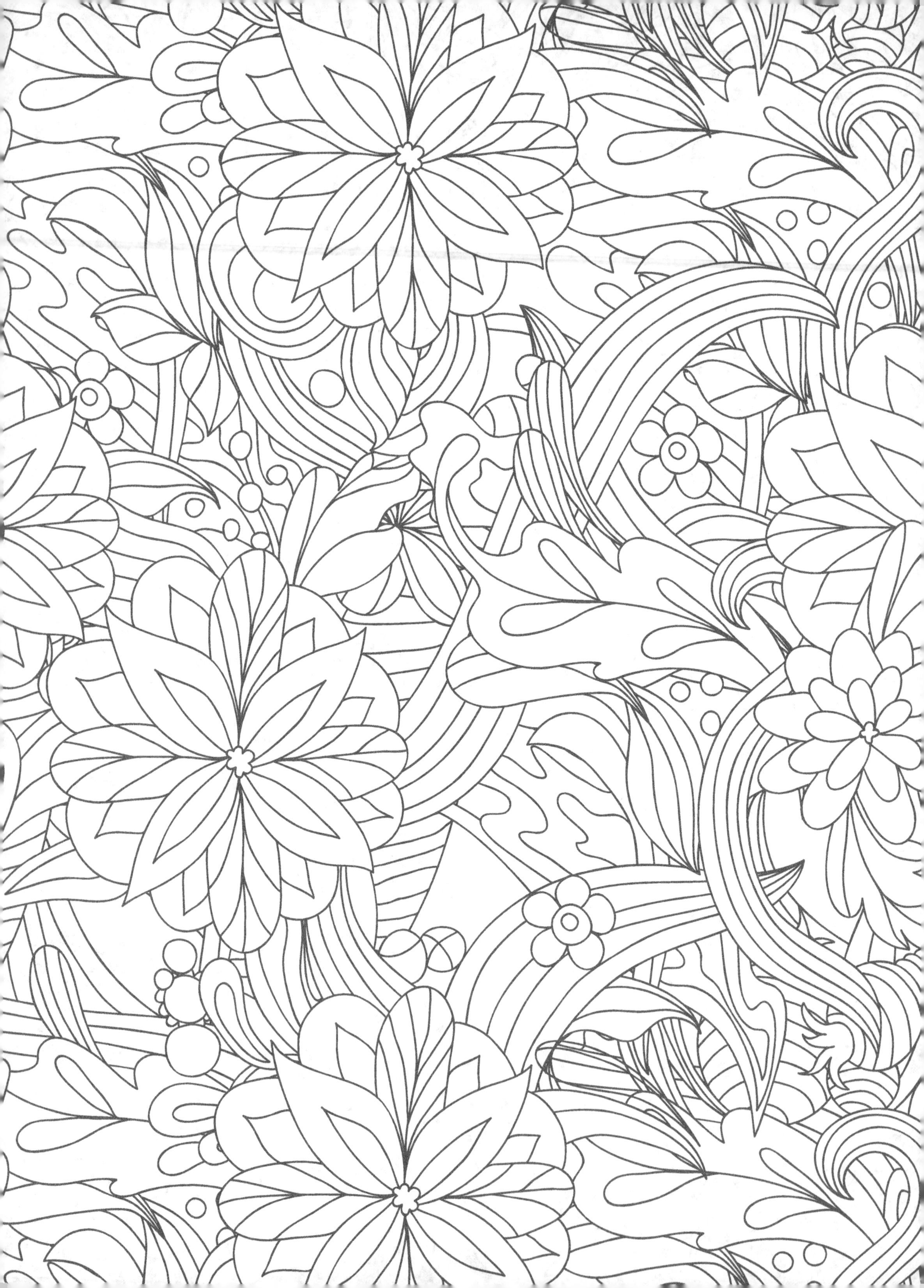

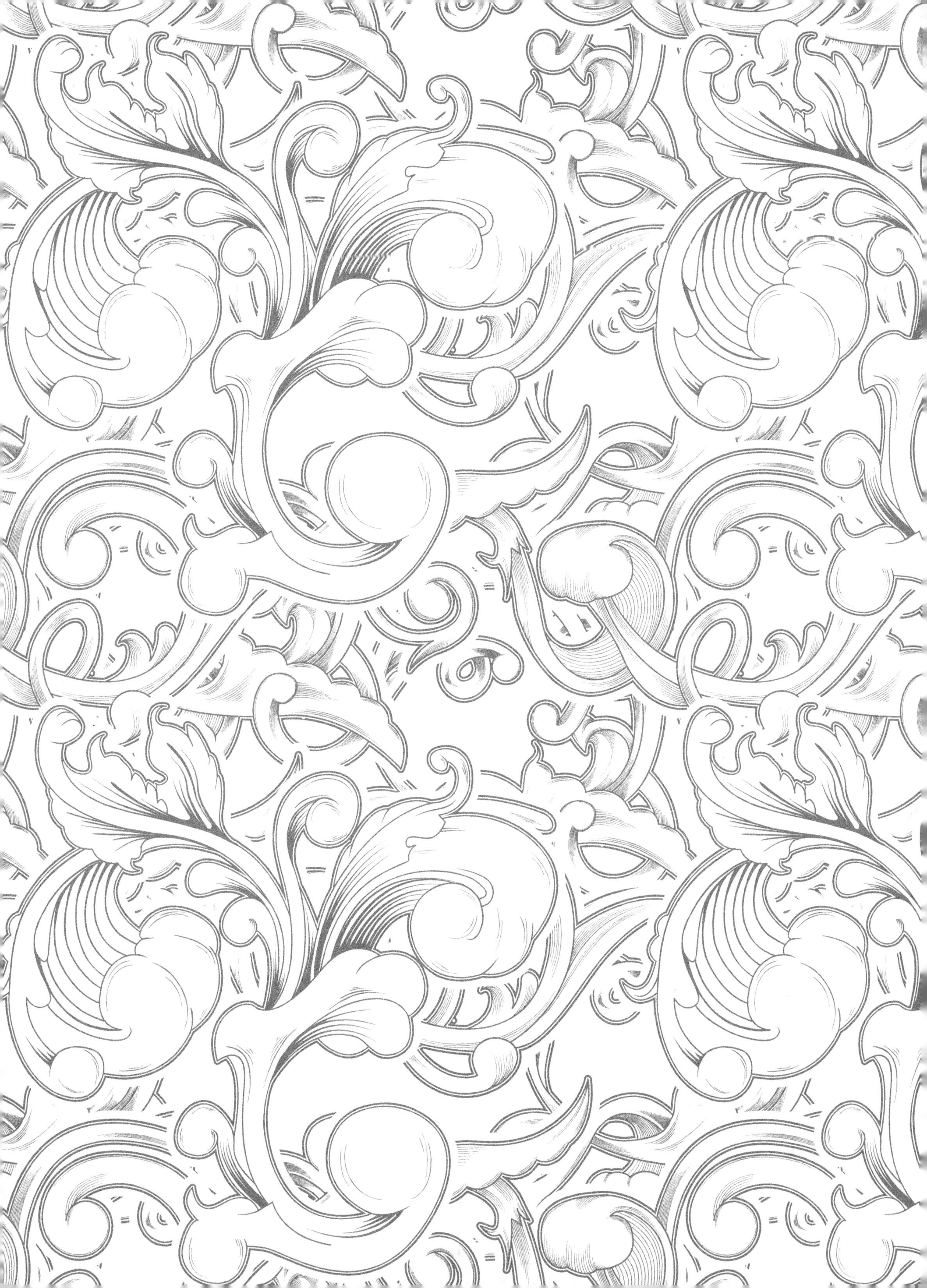

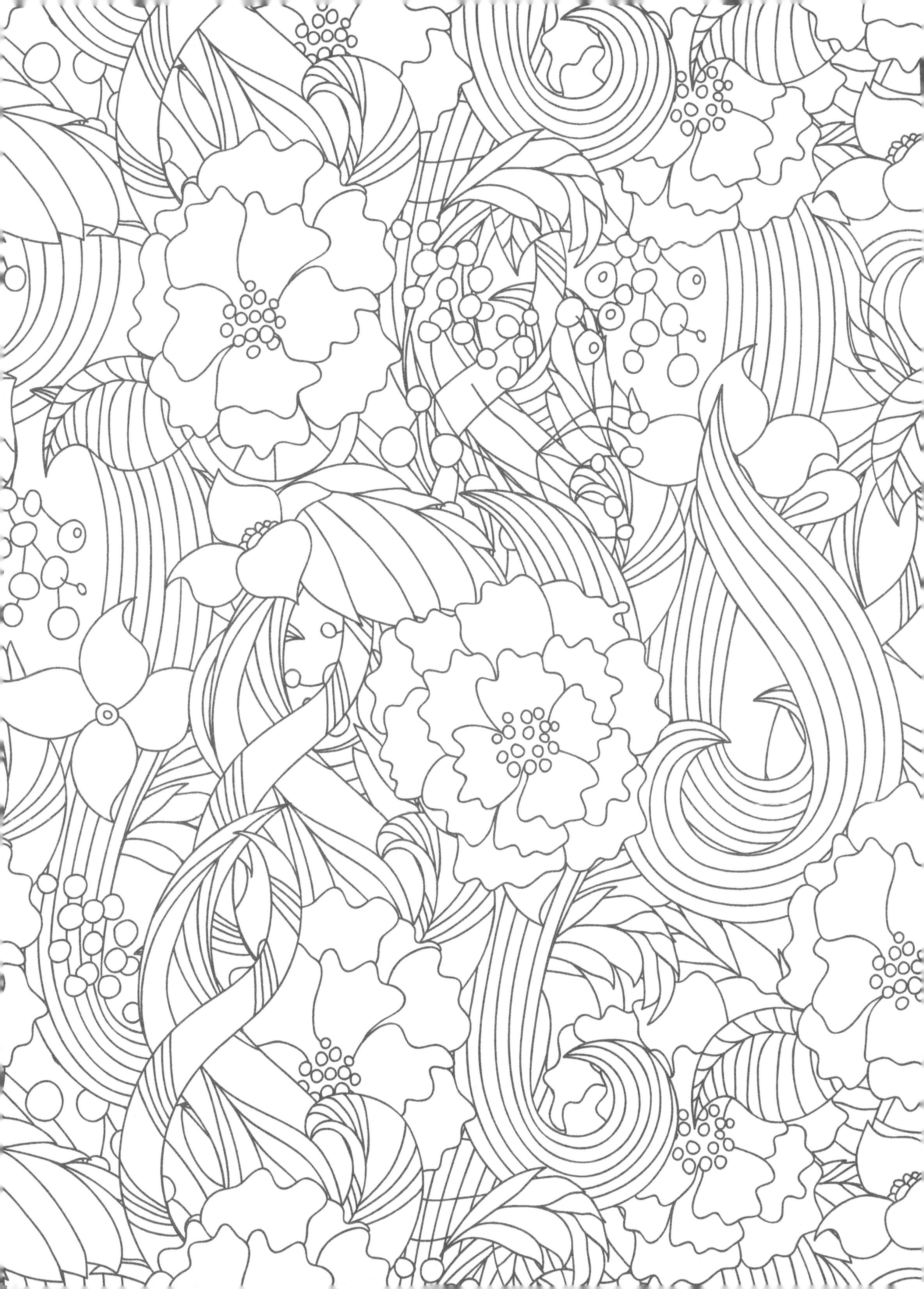

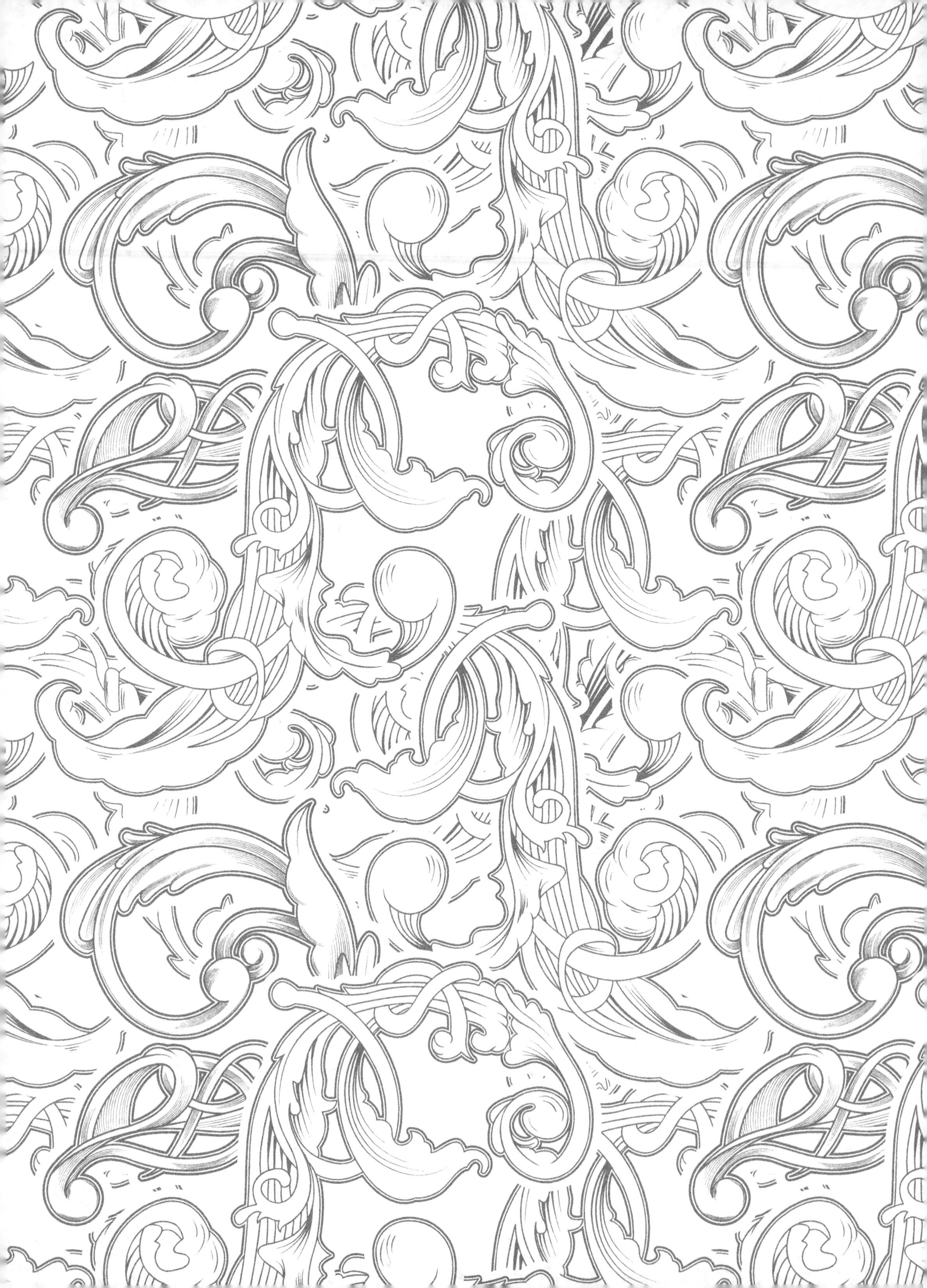

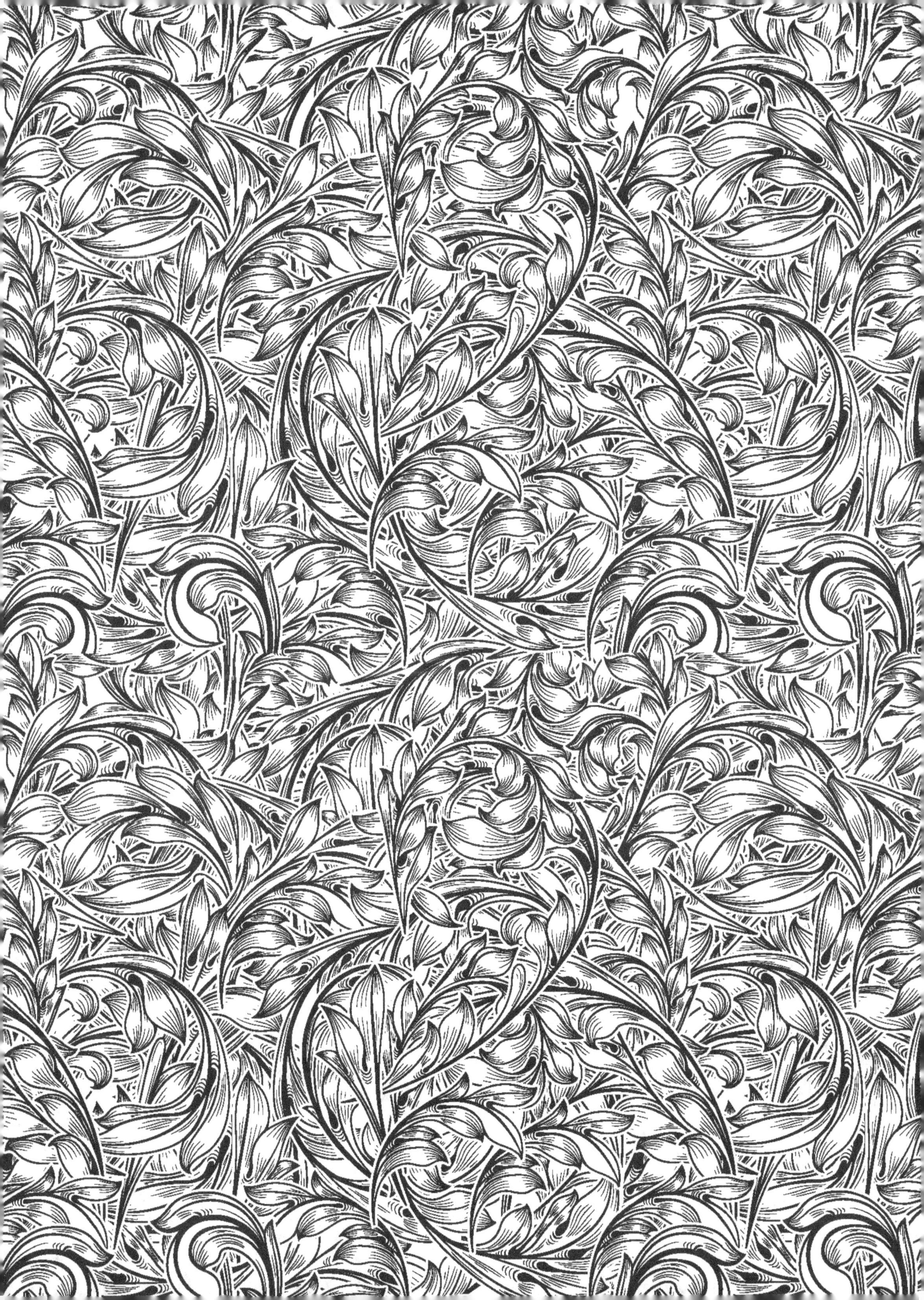

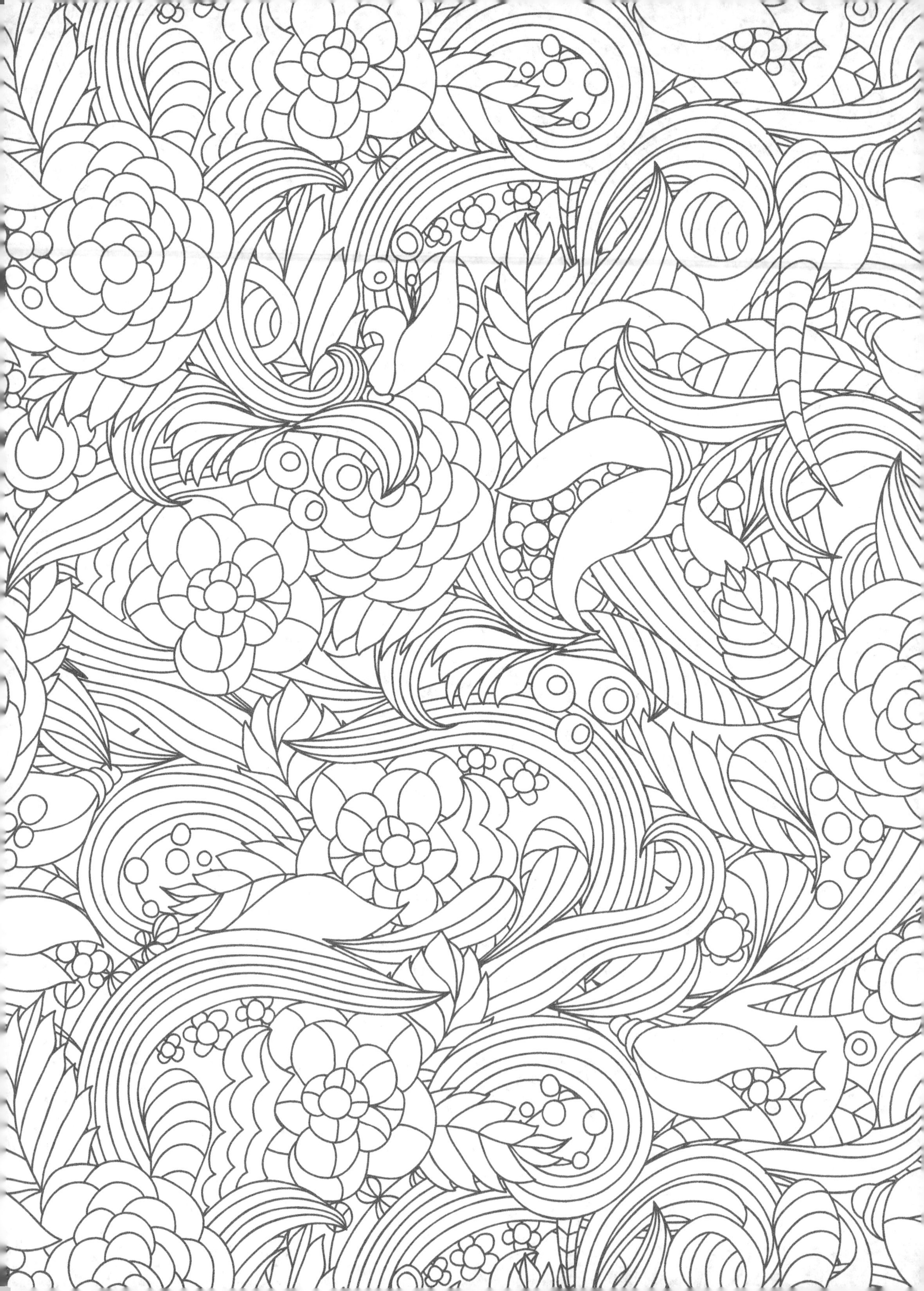

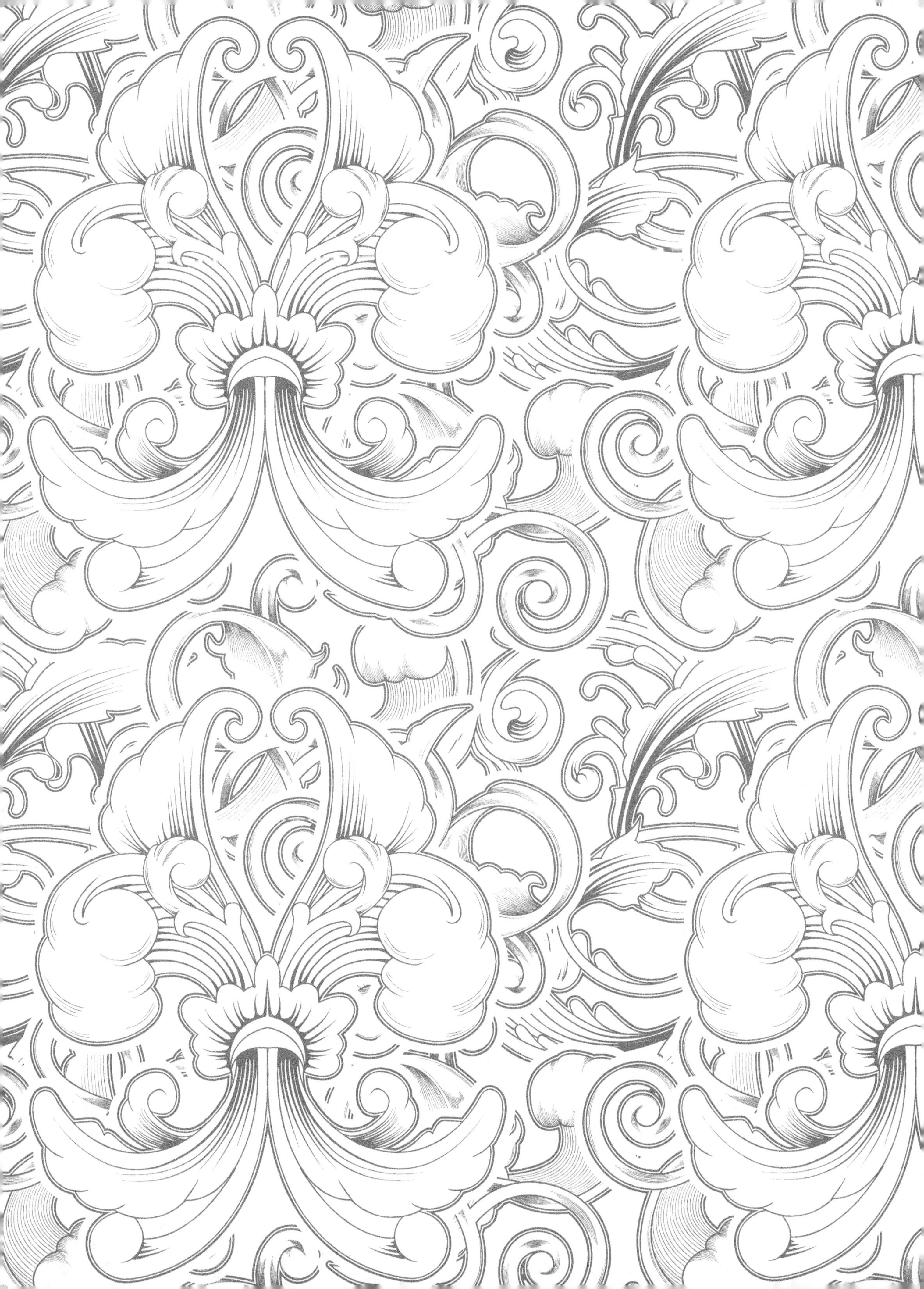

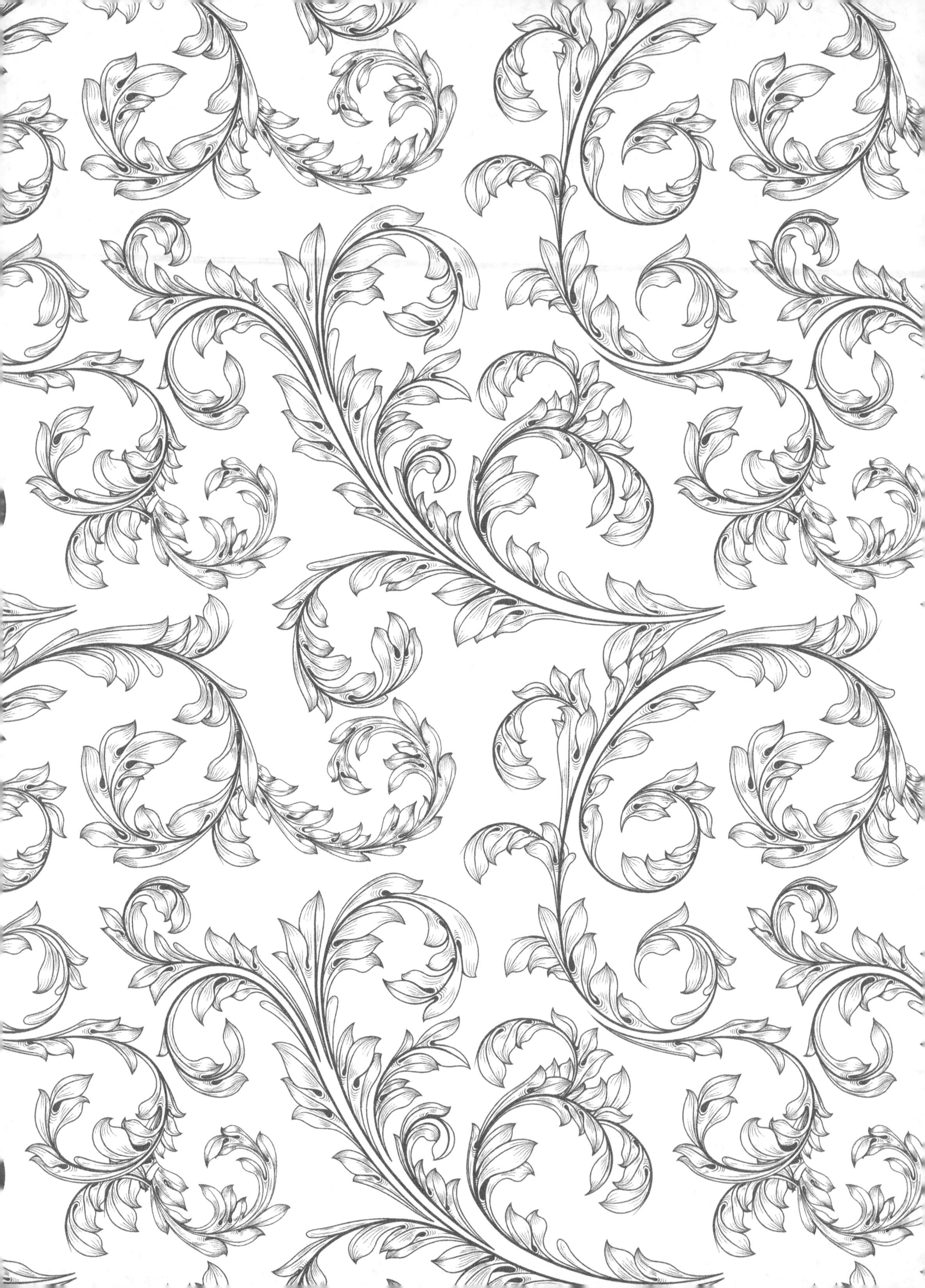

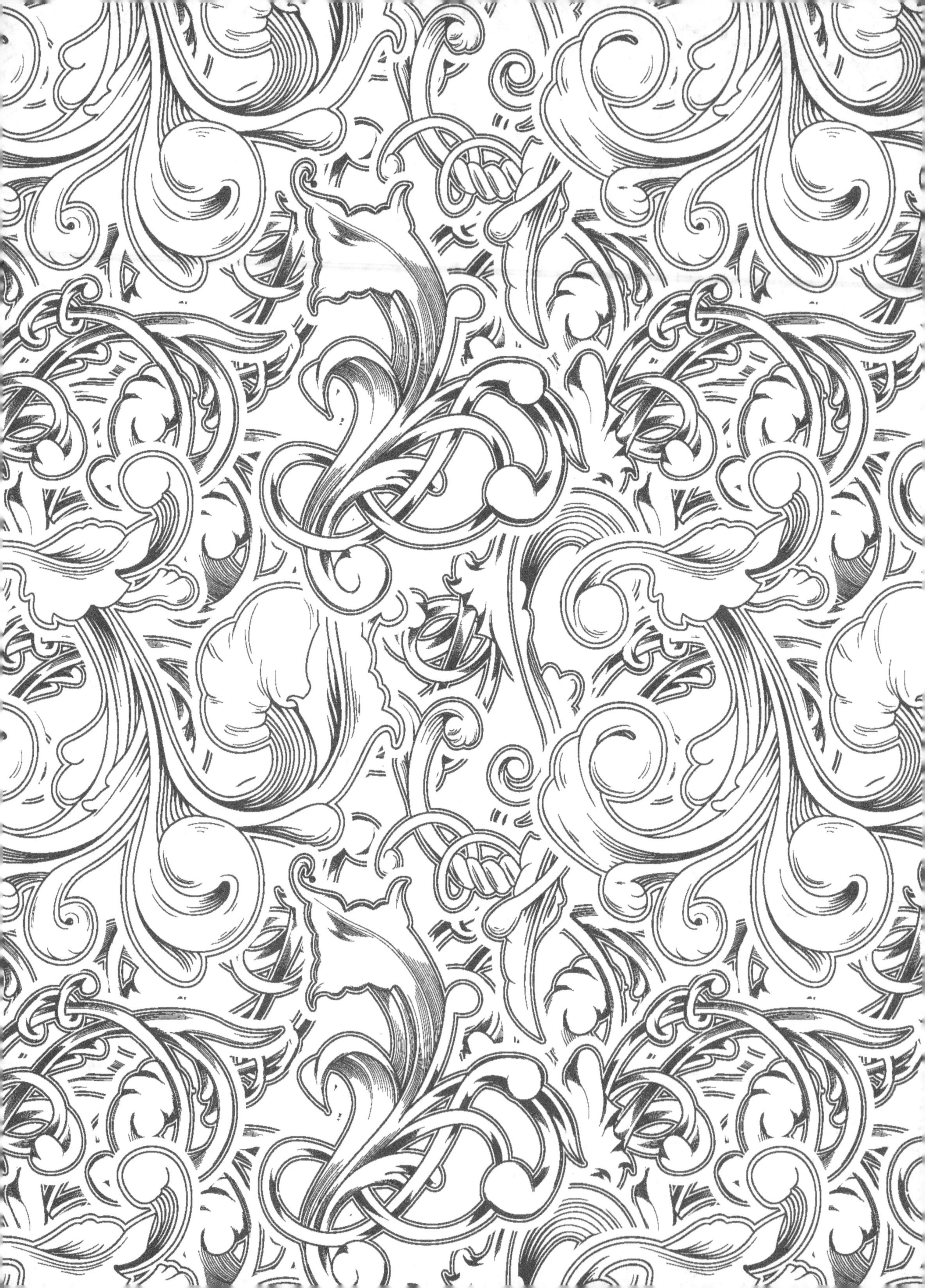

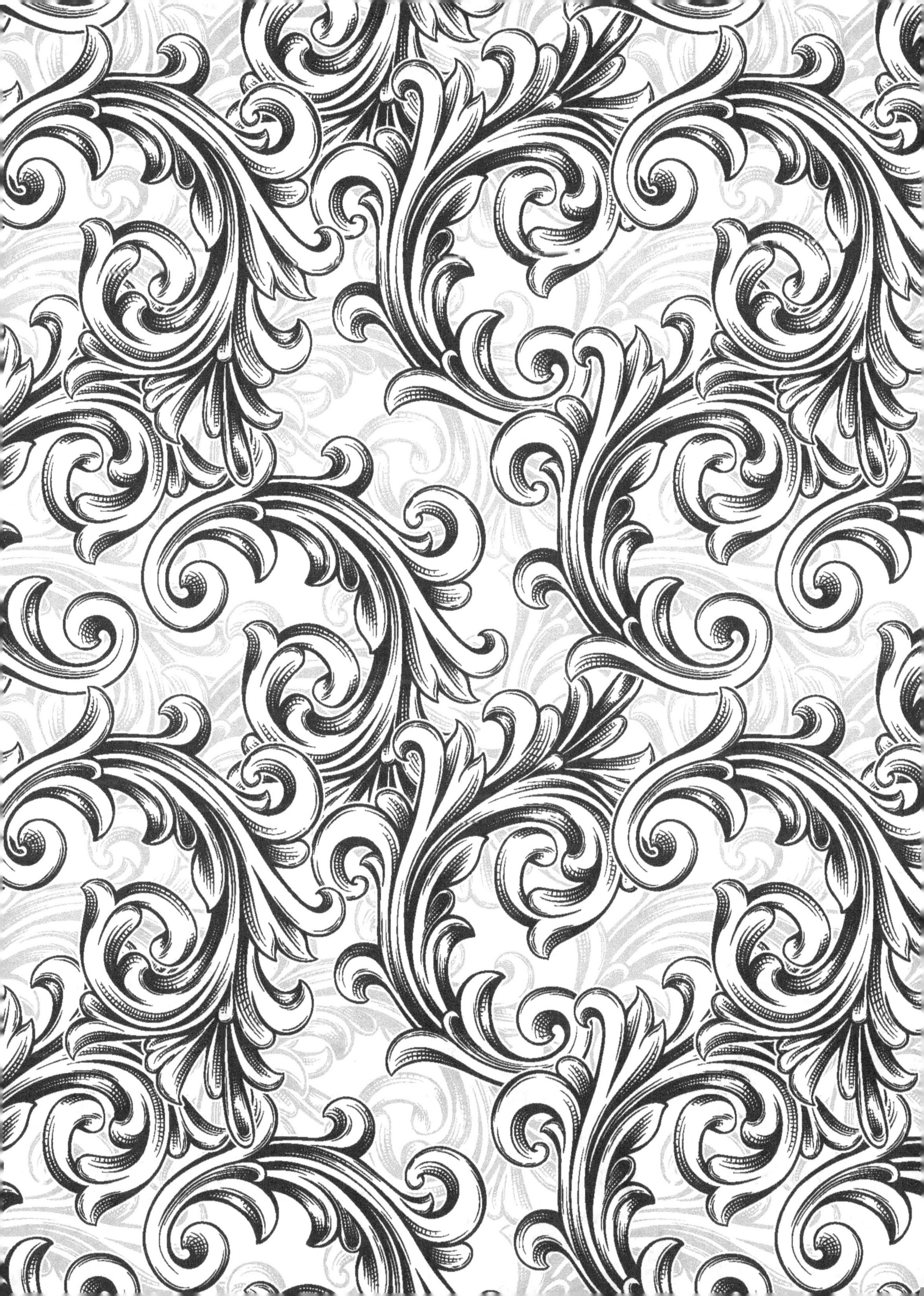

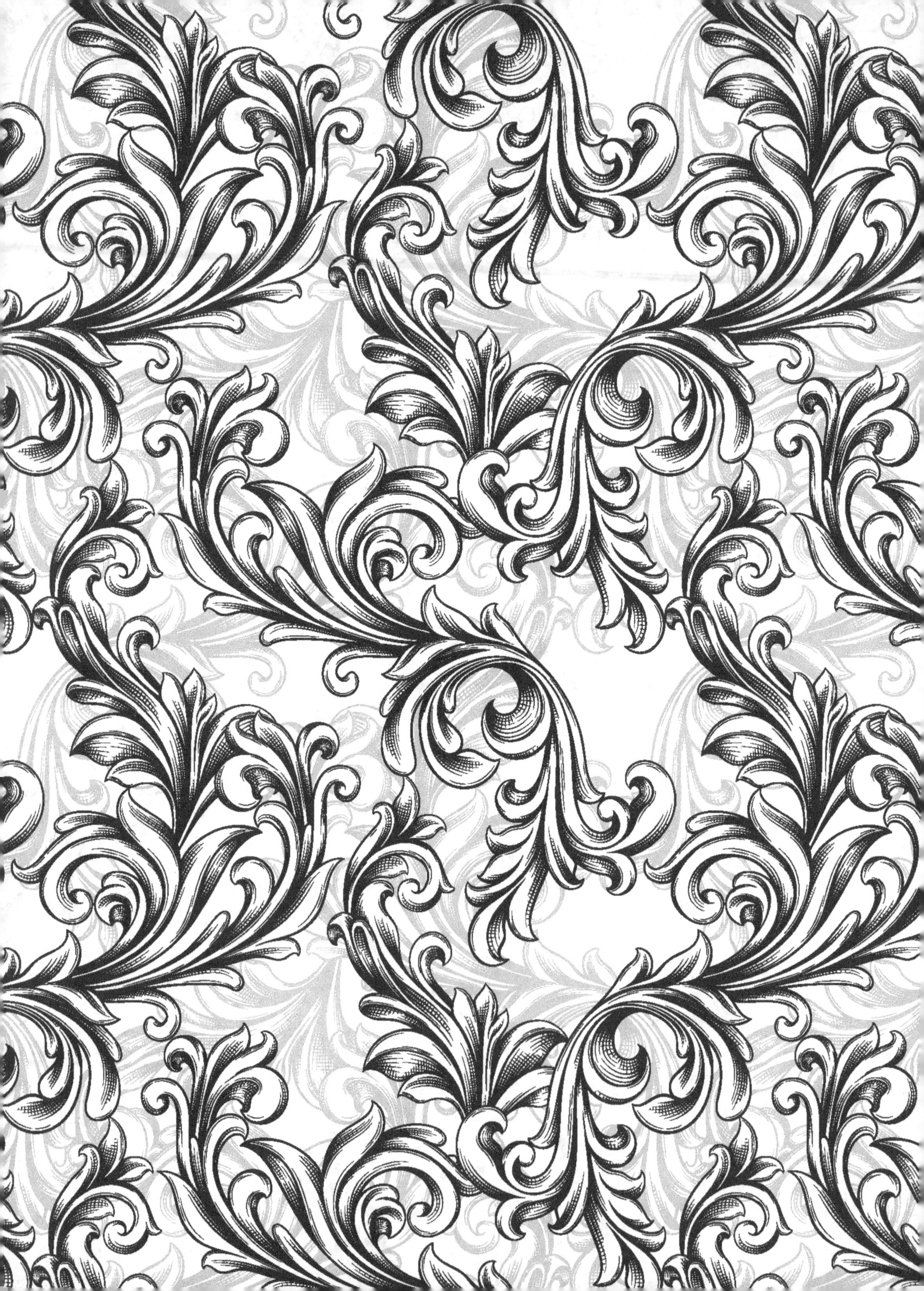

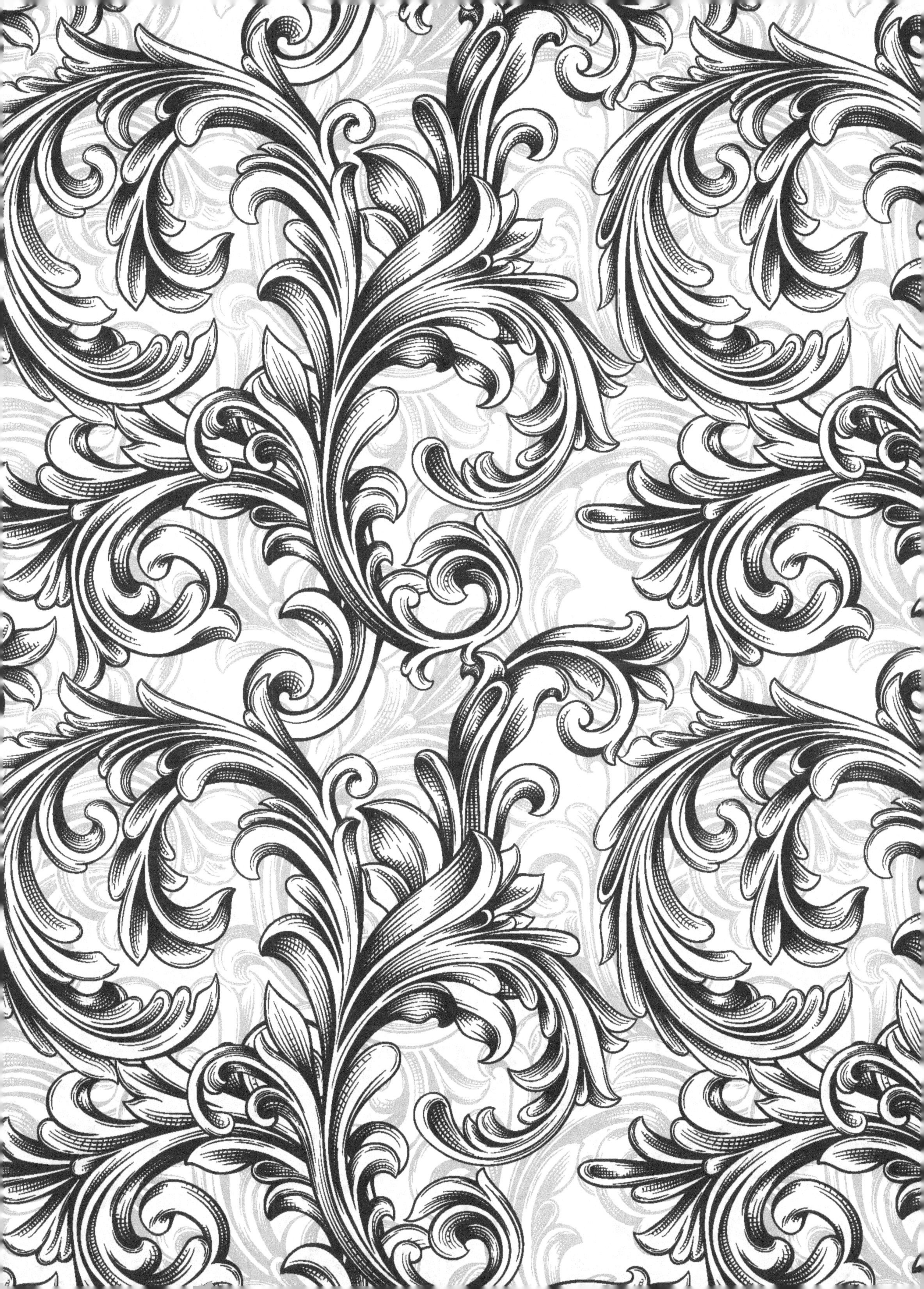

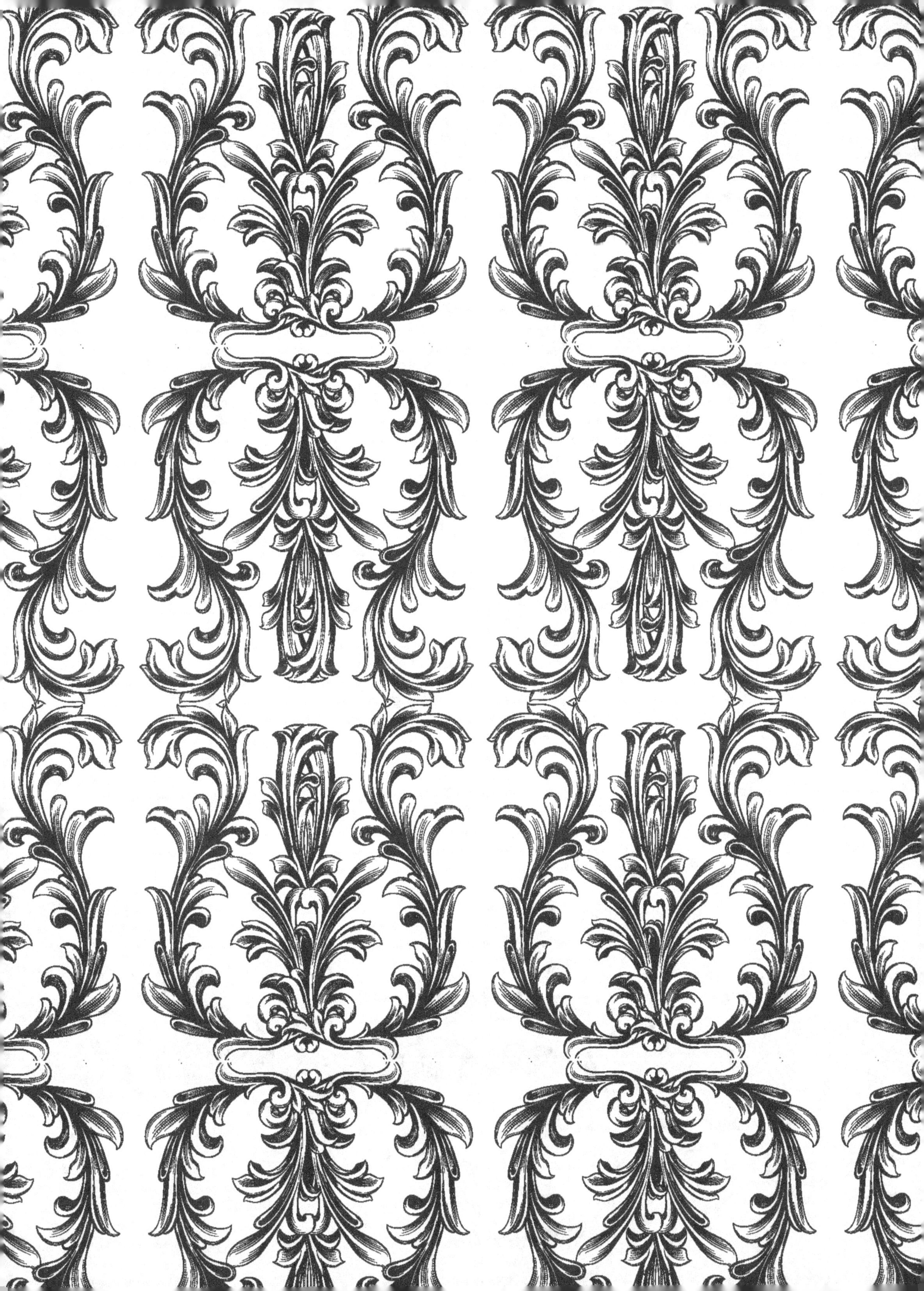

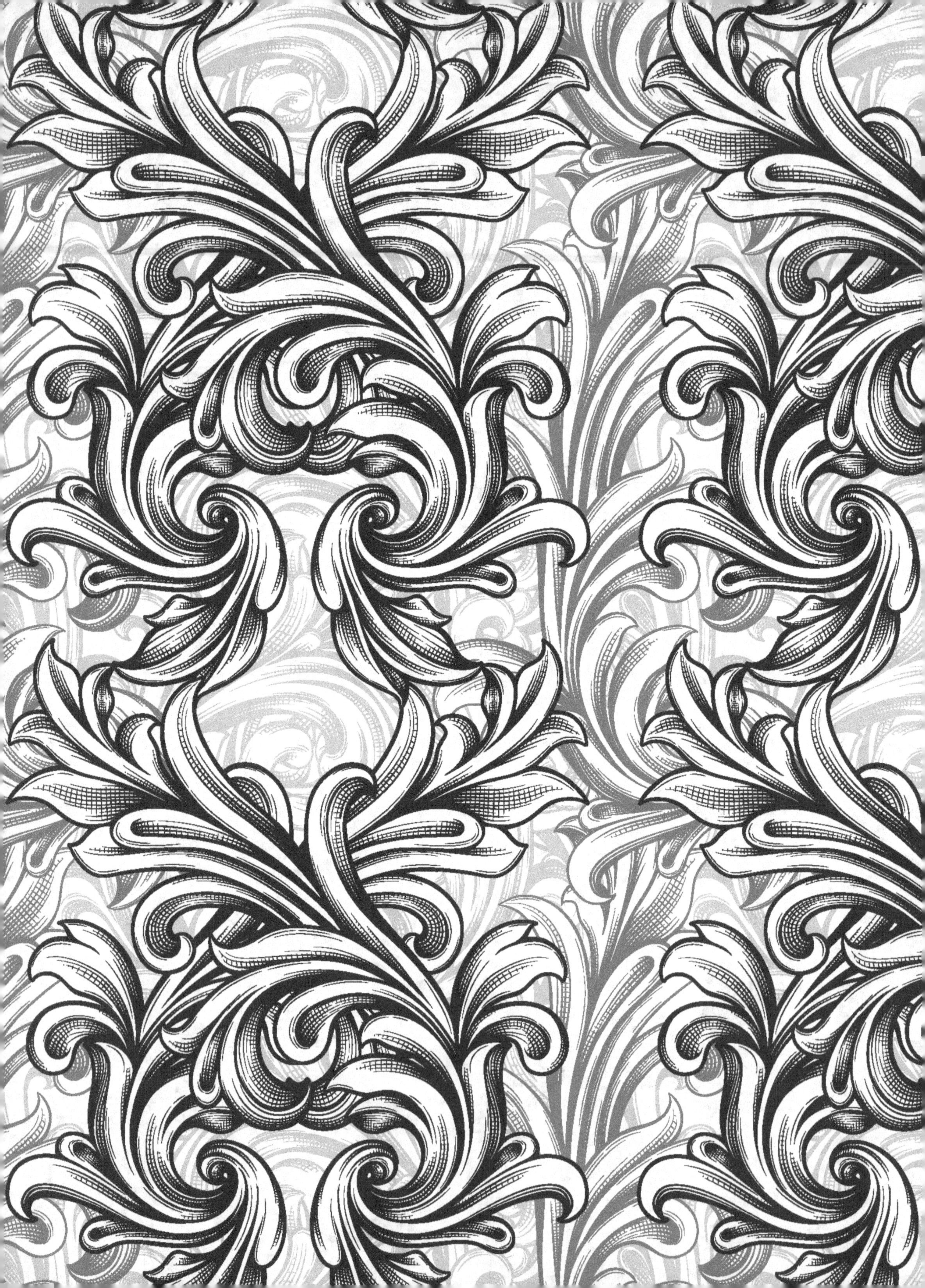

www.ingramcontent.com/pod-product-compliance
Lightning Source LLC
Chambersburg PA
CBHW081653220526
45468CB00009B/2635
* 9 7 8 1 7 2 3 3 1 0 4 9 2 *